Inhalt

Besuch auf der Gräten-Insel

Irgendwo in den sieben Meeren
liegt die Gräten-Insel.
Nur ein paar Möwen und Fische wissen,
wo das ist.

Doch heute
fliegen die Möwen
eilig davon.

Die Haie
verschlucken sich
am Salzwasser.

Überall Totenköpfe
auf schwarzen Fahnen!

Die grinsen sie an!
Jede Menge Piratenschiffe segeln heran!

Das erste ist von Bob Filzlocke
aus der Karibik.
Kämme zerbrechen an seiner Frisur.

Danach kommt Käpt'n Igor
aus Grönland.
Er trägt seine Eisbären-Mütze
auch bei glühender Hitze.

Nun kommt Käpt'n Bam Bus
aus der Chinesischen See.
Sein Schiff tanzt leicht
wie ein Korken über das Wasser.

Käpt'n Albert der Grüne
erreicht die Bucht.
Algen wachsen in seinem Bart.

„Ahoi, ihr Sprotten!",
schreit Käpt'n Stine.
Sie ist der Schrecken der Nordsee
und stark wie ein Wal.

Ein Schiff nach dem anderen
erreicht die Gräten-Insel.
Alle Piraten der sieben Meere
treffen ein.

Sie wollen feiern
und sich im Wettkampf messen.

Sie wollen mit alten Holzbeinen
Feuer anzünden
und fässerweise Rum trinken.

Sie wollen entern, böllern und grölen,
schnarchen, fluchen und rülpsen
nach schönster Piratenart.

Der Beste von ihnen soll
König aller Piraten sein.
So haben sie es beschlossen.

Der kleine Pirat Tom

Tom ist Schiffsjunge
auf der Reggä-Queen.
So heißt das Schiff von Bob Filzlocke.
Viele Kinder beneiden Tom,
weil er auf einem Piratenschiff lebt.

Ein Pirat sitzt nicht in der Schule.
Er klettert die Strickleiter hinauf.

Ein Pirat macht keine Hausaufgaben.

Er sitzt oben im Ausguck

und hält nach Schätzen Ausschau.

Ein Pirat wäscht sich nicht die Hände.

Er wischt den Schmutz

an Hemd und Hose ab.

Das klingt gut.

Viele Leute wissen aber nicht,
wie hart der Job ist.
Ein kleiner Pirat hat nämlich
viel mehr zu tun
als normale Schiffsjungen.

Die schrubben das Deck
und schälen Kartoffeln.
Tom aber hat auch noch
Käpt'n Bobs Holzbein zu streichen.

Er ordnet die Säbel
von gerade nach krumm
und staubt die Kanonenkugeln ab.

Er wäscht die Totenkopf-Flagge,
bringt Käpt'n Bobs Papagei
das Schwimmen bei
und füttert die Schiffsratten.

Er kann Piratenlieder singen,
bis die Ratten erstarren.

Er fuchtelt mit dem Taschenmesser,
bis der Papagei sich ergibt.
Jetzt freut er sich auf die Gräten-Insel.

Auch die kleinen Piraten
werden feiern und spielen.
Dabei werden sie jede Menge
erbeutete Süßigkeiten essen.
Und einer soll Piratenprinz sein.
So haben sie es beschlossen.

Reim-Fluchen und Lebertran-Limo

Es ist so weit.
Die Gräten-Insel bebt.
Scheußliche Lieder
tönen aus rauen Kehlen.

Feuer knistern. Säbel klirren.
Kanonen verbreiten Pulvergestank.

Die Wettkämpfe sind in vollem Gange!
Die Piraten feiern ihr Fest.

Mit Fluchen geht's los.
„Krätze, Pest und bleiche Knochen,
ihr sollt in der Hölle kochen!",
schreit Tom.

Klarer Fall.
Der Sieg gehört ihm.

Doch nun folgt
ein schwieriger Wettkampf:
Lebertran-Limo-Trinken!

Das ist ein Tropfen Orangensaft
mit einem Eimer Lebertran gemischt.

Toms Trick geht so:
Er stellt sich vor,
er habe riesigen Durst.
Ganz fest.

Er schwört beim Klabautermann,
die Lebertran-Limo sei Apfelsaft.
Tom trinkt den Eimer
in einem Zug leer! Geschafft!

27

Nun fehlt ihm nur noch
der Sieg im Schleudern.
Dann ist er der Piratenprinz.
Schleudern kann Tom am besten.

Doch plötzlich wird er blass
wie der Bauch einer Flunder.
Seine Schleuder ist fort!

Käpt'n Bobs Augenklappe

Wo ist die Schleuder?!
Vorhin war sie noch da.
Toms kostbare Schleuder!
Einfach verloren?!

Ohne Schleuder kein Sieg.

Ohne Sieg kein Piratenprinz.

Ersatz muss her. Und zwar schnell.

Tom flitzt los.

Die großen Piraten halten Mittagsschlaf.

Die Wettkämpfe waren hart.

Und Toms Käpt'n hat gewonnen!
Nach der Pause soll Käpt'n Bob
zum Piratenkönig ernannt werden.

Er liegt in einer leeren Schatzkiste
und schnarcht wie eine dicke Robbe.

Seine Augenklappe liegt neben ihm.
Käpt'n Bobs Augenklappe.
Bunt wie ein Regenbogen
und dehnbar wie … Ha!
Ja! … wie eine Schleuder!

Bob wacht spät auf.

Er greift nach seiner Augenklappe.

„WUUOOAARGH!!"
Ein fliegender Fisch
stürzt vor Schreck ab.
„WO IST MEINE KLLLAAAPPPEEE?!!"

Ohne Augenklappe

kann niemand Piratenkönig sein.

Ohne Augenklappe

ist ein Piratenkapitän nichts.

Gar nichts.

Tom flitzt herbei.

Gerade noch rechtzeitig.

Tom, der beste Schleuderer

auf der Gräten-Insel.

Er strahlt und

überreicht Bob die Schleuder-Klappe.

Der Käpt'n beruhigt sich.
Er atmet auf wie ein See-Elefant.
Er lächelt Tom an.
Tom lächelt zurück.

Tom und der Piratenkönig.
Bob Filzlocke und sein Piratenprinz.
Bald gehen sie wieder gemeinsam
auf große Fahrt.

Leserätsel

mit dem Leseraben

Super, du hast das ganze Buch geschafft!
Hast du die Geschichten ganz genau gelesen?
Der Leserabe hat sich ein paar spannende
Rätsel für echte Lese-Detektive ausgedacht.
Mal sehen, ob du die Fragen beantworten kannst.
Wenn nicht, lies einfach noch mal auf den Seiten
nach. Wenn du die richtigen Antwortbuchstaben
in die Kästchen auf Seite 41 eingesetzt hast,
bekommst du das Lösungswort.

Fragen zu den Geschichten

1. Warum treffen sich die Piraten der sieben Meere
auf der Gräten-Insel? (Seite 11)

P: Sie wollen nach einem Schatz suchen.

F: Sie wollen feiern und sich im Wettkampf
messen.

2. Was gehört zu Toms Aufgaben als Schiffsjunge? (Seite 18/19)

   A: Er muss den Wettkampf auf der Gräten-Insel vorbereiten.

   L: Er muss Käpt'n Bobs Holzbein streichen und die Kanonenkugeln abstauben.

3. Was werden die kleinen Piraten auf dem Fest machen? (Seite 21)

   U : Sie werden Süßigkeiten essen und einen Piratenprinzen wählen.

   G: Sie werden die großen Piraten bedienen.

4. Warum wird Tom blass wie der Bauch einer Flunder? (Seite 29)

   E : Weil seine Schleuder verschwunden ist.

   V : Weil ihm von der Lebertran-Limo übel ist.

Lösungswort:

| 1 | 2 | 3 | N | D | 4 | R |

Rabenpost

Super, alles richtig gemacht! Jetzt wird es Zeit für die RABENPOST.
Schicke dem LESERABEN einfach eine Karte mit dem richtigen Lösungswort. Oder schreib eine E-Mail. Wir verlosen jeden Monat 10 Buchpakete unter den Einsendern!

An den LESERABEN
RABENPOST
Postfach 20 07
88 190 Ravensburg
Deutschland

leserabe@ravensburger.de
Besuch mich doch auf meiner Webseite:
www.leserabe.de

Leichter lesen lernen mit der Silbenmethode

Durch die farbige Kennzeichnung der einzelnen Silben lernen die Kinder leichter lesen. Das gelingt folgendermaßen:

1. Die einzelnen Wörter werden in Buchstabengruppen aufgeteilt. Diese kleinen Gruppen sind leichter zu erfassen als das ganze Wort.
2. Die Buchstabengruppen sind ganz besondere Einheiten: Sie zeigen die Sprech-Silben an. Die Sprech-Silben sind der Schlüssel, um ein Wort richtig lesen und verstehen zu können.

Zum Beispiel können bei dem Wort „Giraffe" auch die ersten drei Buchstaben „Gir" als Gruppe gelesen werden: Gir - af - fe. Das könnte dann der Name einer besonderen Affenart sein.
Mit den farbigen Silben dagegen werden sofort die richtigen Buchstabengruppen erkannt: Gi - raf - fe. Beim Lesen ergibt sich automatisch der richtige Sinn. Es ist das Tier mit dem langen Hals gemeint.

Warum ist das so?
Beim Lesen in **Sprech-Silben** klingen die Wörter so, wie wir sie **sprechen** und **hören**. So kann der Sinn der Texte leichter entschlüsselt werden – lesen macht Spaß!
Sobald das Lesen flüssig gelingt, können auch alle Texte ohne farbige Silben sicher erfasst werden. Durch das Training erkennen die Kinder die Sprech-Silben automatisch.
Dadurch lesen alle Leseanfänger leichter und besser – und auch die nicht so starken Leser können schneller Erfolge erzielen.

Die farbigen Silben helfen nicht nur beim Lesen, sondern auch bei der **Rechtschreibung**. Sie machen die Struktur der deutschen Sprache sichtbar. Der Leseanfänger nimmt von Anfang an die Silbengliederung der Wörter wahr – und kann so die richtige Schreibweise ableiten.

Markieren die farbigen Silben die Worttrennung?
Die farbigen Silben zeigen die Sprech-Silben eines Wortes an. In den allermeisten Fällen ist das identisch mit der möglichen Worttrennung am Zeilenende. In erster Linie bei der Trennung einzelner Vokale (a, e, i, o, u; z. B. E-va, O-fen, Ra-di-o) gibt es einen Unterschied: Nach der aktuellen Rechtschreibung werden diese am Zeilenende nicht abgetrennt. Da diese Wörter aber mehrere Sprech-Silben haben, sind diese auch mit zwei Farben gekennzeichnet: Eva, Ofen, Radio, beobachten.

Weitere Informationen zur Silbenmethode auf: www.silbenmethode.de